AF394082

GUÍA DE LECTURA

Escrita por Natalia Torres Behar

Por quién doblan las campanas

de Ernest Hemingway

Entiende fácilmente la literatura con

ResumenExpress.com

www.resumenexpress.com

ERNEST HEMINGWAY

ESCRITOR DE LA GUERRA Y AVENTURERO

- **Nacido en 1899 en Illinois (Estados Unidos)**
- **Fallecido en 1961 en Idaho (Estados Unidos)**
- **Algunas de sus obras:**
  - *Fiesta* (1926)
  - *Adiós a las armas* (1929)
  - *Por quién doblan las campanas* (1940)
  - *El viejo y el mar* (1952)

El periodista y escritor de relatos cortos y novelas Ernest Hemingway nace en 1899 en un pequeño suburbio de la ciudad de Chicago. Tras graduarse, trabaja durante un tiempo en el periódico *Kansas City Star* pero, poco después, en 1918, es reclutado por la Cruz Roja y acude a Italia para participar en la Primera Guerra Mundial. Allí comienza una relación próxima con la guerra y con la muerte, que verá de cerca. Sufre dos accidentes de avión en África, y es corresponsal de guerra en España durante la guerra civil y en Francia durante la

Segunda Guerra Mundial. De sus experiencias de la guerra surgen la mayoría de sus obras, en las que se mezcla autobiografía, historia y ficción. Ganador del premio Pulitzer en 1953 y del Nobel de Literatura en 1954, Hemingway es uno de los autores norteamericanos más influyentes de todos los tiempos. En 1961, decide poner fin a su vida y se suicida.

POR QUIÉN DOBLAN LAS CAMPANAS

CAUSAS POR LAS QUE VALE LA PENA MORIR

- **Género:** novela bélica
- **Edición de referencia:** Hemingway, Ernest. 1972. *Por quién doblan las campanas*. Traducido por Lola de Aguado. Barcelona: Círculo de lectores
- **Primera edición**: 1940
- **Temáticas:** unión de la humanidad, ellos son como nosotros, vida en la montaña, sobre matar, política e ideología, amor y tópico del *carpe diem*

Por quién doblan las campanas (1940) es una novela sobre la guerra civil española escrita a partir de las experiencias vividas por el autor como corresponsal en dicho país. La obra narra la historia de Robert Jordan, un profesor de Montana (Estados Unidos) que sirve a la República, y cuya misión consiste en derribar un puente. Para esto, debe hacerse amigo de unos guerrilleros que viven en la montaña y lograr su ayuda para cumplir con su trabajo, que garantizará un importante triunfo. La narración, de más de 500 páginas, cubre el lapso de tres días, un corto periodo que, sin embargo, transformará la vida de Jordan: en tres días conoce el amor de la mano de la joven María; el compañerismo, con el viejo Anselmo; la lealtad, con la valiente entrega de Pilar; y, finalmente, el sentido profundo de su existencia, que solo sale a la luz en los momentos de tensa calma.

RESUMEN

LA LLEGADA DE ROBERT JORDAN A LA MONTAÑA

España, año 1937. Guerra civil, bando republicano. Robert Jordan es un dinamitero de las Brigadas Internacionales y exprofesor norteamericano que tiene una misión muy importante en las montañas de Guadarrama, tras las líneas enemigas. El general Golz lo ha mandado a que derribe un puente, pero esto debe hacerse a una hora determinada, cuando se desencadene una ofensiva sobre ellos. Derribar el puente es decisivo para poder ocupar Segovia y lograr el avance de la República. Jordan sabe que su misión es fundamental para la causa y que sus consecuencias pueden ser enormes para la humanidad y dar un giro en la historia: sus actos pueden cambiar el porvenir del género humano (Hemingway 1972, 58). Sin embargo, Jordan es consciente también de que él y los otros no serán más que instrumentos bajo el mando de «los que dirigen esta guerra» (Hemingway 1972, 26): no son más que simples peones que siguen una cadena de mando.

A pesar de que habla muy bien español, Jordan no es del lugar y, por lo tanto, necesita a alguien que lo guíe y en quien pueda confiar: este papel recae sobre el viejo Anselmo, un campesino de 68 años que conoce esas tierras y a quien todos respetan. Él es quien le presenta a Pablo y su banda y lo integra al grupo. Este grupo de guerrilleros, compuesto por nueve personas (siete hombres y dos mujeres) vive en una cueva en la montaña vigilada por Agustín y Fernando, se alimenta de lo que encuentra por ahí y ya ha participado en misiones como el asalto del tren de prisioneros, misión de la que todos están muy orgullosos. Sin embargo, a pesar de que todos reciben bien a Pablo, especialmente el gitano Rafael, Jordan descubre muy rápido que no es de fiar. No se trata de que su fidelidad a la República esté en duda, sino que es un hombre muy inteligente que desde el principio sospecha de las posibilidades de éxito de la misión encomendada al norteamericano y, por eso mismo, puede sabotearla. Pablo es un hombre desencantado que, como dice Pilar, su pareja, se ha vuelto holgazán, borracho y cobarde. Él se opone a prestarle ayuda a Jordan, pero su gente se subleva y se une a Pilar, que sí está a favor de la misión y toma el liderazgo del grupo. Así, Jordan se puede dedicar a reconocer el terreno y a examinar el puente, a evaluar los riesgos del trabajo y a convencer a más hombres, como los de la banda del Sordo (entre los que destaca el centinela Joaquín), para que les ayuden con la misión.

A pesar de que, en teoría, esta es sencilla, con el pasar de los días se van presentando obstáculos y malos augurios que lo dificultarán todo: hay mucho movimiento de aviones del que parece ser el bando enemigo, un hecho muy preocupante. Además, en pleno mayo, nieva una noche y, a pesar de que todos intentan no darle importancia, la nieve no solo es un mal augurio sino que termina dificultando la misión y, finalmente, delatándolos. Pero los obstáculos no son solo materiales sino que también son mentales, ya que más de una vez Jordan se cuestiona sobre la justicia de su causa, la obligatoriedad de matar y el envilecimiento de la guerra —debido a las reflexiones de Anselmo sobre cómo matar es un pecado aunque ya no haya Dios (Hemingway

1972, 55) y a las historias de Pilar sobre cómo acabaron con los fascistas en su pueblo de forma vergonzosa y desagradable (Hemingway 1972, 139)—. En varias ocasiones, Jordan intenta sacarse de la mente el recuerdo de la ingenuidad con la que empezaron la guerra y la sensación de que los hombres se van haciendo crueles y matan sin remordimiento; la idea de que todas las causas se corrompen.

EL DESCUBRIMIENTO DEL AMOR

Robert Jordan se jacta de ser un hombre que no necesita a las mujeres y que nunca se ha enamorado. Incluso bromea con el general Golz cuando hablan de ese tema y dice estar demasiado ocupado y concentrado como para tener tiempo para conocer a alguien. Sin embargo, esto cambia pronto, pues, además de Pilar, hay otra mujer en el campamento por quien Robert se siente atraído desde el primer momento. Se trata de María, una jovencita que rescataron en el asalto al tren de prisioneros y que ha sufrido mucho, pues los falangistas asesinaron a sus padres y la violaron. Cuando ella lo mira o se dirige a él, Robert Jordan siente un nudo en la garganta y su tono cambia. Casi no puede hablar: está enamorado.

Ella también se enamora de él desde el primer momento, y desde la primera noche comienzan un romance. En su segundo encuentro sexual, ambos aseguran que han sentido una plena conexión entre ellos y también con el universo, como si este se hubiera movido. Robert Jordan sabe que es muy probable que ese sentimiento no dure mucho debido a todo lo que puede pasar en la guerra y, por lo tanto, se dedica a disfrutar cada momento. Llega a la conclusión de que, si no pueden pasar mucho tiempo juntos, entonces tendrán que vivirlo con intensidad. Es la única oportunidad que la vida les ha concedido. Es así como Jordan se permite fantasear sobre vivir con su «conejito» —como llama a María— en Madrid, sobre hacer el amor todos los días, sobre empezar una vida juntos y sobre tener niños, una casa grande, un baño y la oportunidad de leer el periódico con café caliente. No obstante, sabe que todo eso es un sueño que muy probablemente no se cumplirá. Además, se tiene que recordar a sí mismo que es afortunado por haber tenido incluso la posibilidad de conocer ese sentimiento, que es el que le hace querer seguir viviendo.

EL FINAL DE LA MISIÓN

Los últimos días, todo se precipita. Con el pasar de más aviones, descubren que el momento de actuar está cerca. Los hombres del Sordo deciden robar unos caballos al bando enemigo para facilitar su huida después de detonar el puente. Esto hace que se inicie una persecución en su contra, que se volverá más fácil debido a la nieve y a las huellas que dejan en ella. Así, con la llegada de un falangista al campamento, a quien Jordan se ve obligado a matar, descubren lo cerca que están del peligro y se adentran en el bosque para protegerse. Mientras están allí escondidos oyen a lo lejos un tiroteo y se dan cuenta de que el teniente Berrendo y sus hombres han encontrado y asesinado al Sordo y a los suyos, y deciden que el día siguiente es el elegido para el trabajo.

Con tan pocos hombres disponibles, Robert Jordan sabe que es muy probable que la misión fracase, pero decide seguir con ella, pues debe seguir las órdenes. Sin embargo, en un último intento por frenar una misión destinada al fracaso, manda a Andrés, uno de los hombres de Pablo, a que intente llevarle un mensaje a Golz. Después de muchas dificultades, el mensaje le llega, pero en ese momento Golz ya no puede hacer nada, pues sabe que una vez iniciada la máquina de la guerra es muy difícil frenarla. Así pues, da la orden de continuar.

Es así como llega el día esperado: todos se preparan al máximo, cada uno asume su posición y Jordan se encamina con Anselmo a detonar el puente. Sorprendentemente, logran cumplir con la misión, pero Anselmo es alcanzado por un pedazo de metal y muere allí mismo. Sin embargo, no hay tiempo de pararse a pensar, pues el Ejército los persigue sin piedad. El plan de los pocos supervivientes (entre los que están Pablo, Pilar, María y el gitano Rafael) es llegar a Gredos, y Robert quiere ir con ellos. Sin embargo, lo alcanza el disparo de un tanque y, tras despedirse, les pide a todos que lo dejen morir allí.

ESTUDIO DE LOS PERSONAJES

ROBERT JORDAN

Robert Jordan es un joven profesor universitario de Montana que ama España y termina allí defendiendo una causa en la que siempre ha creído: la República, el gobierno del pueblo. Es alto, esbelto, rubio y moreno de piel: no parece un profesor, pues además es un experto detonador y tiene mucha experiencia en la guerra. Se debate constantemente entre dos facetas de su personalidad: su pasado como académico, que lo lleva a hacer profundas reflexiones que casi siempre le generan malestar e incertidumbre, y su presente como combatiente, en el que, a pesar del miedo, debe actuar con frialdad.

A partir de sus monólogos internos, el lector puede ver que Robert Jordan vive en un constante conflicto: entre su idea de que matar está mal y la necesidad de hacerlo por una causa que considera justa; entre la racionalidad y la superstición, que le genera incertidumbre y sospecha en torno a los signos de lo que está por venir; entre sus sospechas de lo que va a pasar y sus ilusiones de poder vivir con María.

PABLO

Pablo es el líder de la banda de guerrilleros que va a ayudar a Robert Jordan con su misión. Es un hombre grande y alto, de rostro burdo, ojos pequeños y manos y pies grandes. Tiene la nariz rota, una cicatriz en el labio y la barba mal rasurada, y es uno de los hombres más respetados de la zona. Además, tiene un comportamiento hosco y desde el principio se lleva mal con Jordan, que en más de una ocasión piensa en asesinarlo. Es muy inteligente y sabe los riesgos que acarreará la misión del puente para sus hombres; este es el motivo por el que se opone a ella, aunque los demás la aceptan con entusiasmo. Por esta razón, todos lo consideran un cobarde para quien ya pasaron sus mejores días y que ya no tiene nada que aportarle al grupo. Ya solo le interesan sus caballos y quiere que la guerra se termine para llevar una vida tranquila. Sin embargo, al final, al verse tan solo, cambia de opinión y decide ayudarlos en la misión.

PILAR

Pilar, la pareja de Pablo, es una mujer de más de 40 años que se describe a sí misma como una mujer fea que debió haber sido hombre. Es campesina, tiene sangre gitana y es robusta y fuerte. Es la que manda en el grupo y, por lo tanto, la verdadera líder, a quien todos respetan, admiran y temen. Es una mujer directa, que habla de frente y dice lo que piensa, razón por la que a veces inspira mucho miedo. Sin embargo, también es como una madre para toda la banda ya que les cocina, los cuida y se preocupa por que todos estén bien. Sin ella, muchas de las acciones de la novela no sucederían, pues es quien une a Jordan y María y quien convence al Sordo de participar en la misión, así como quien organiza a todo el mundo para la batalla. Es la persona en la que todos se apoyan.

MARÍA

María es la mujer de la que Robert Jordan se enamora y quien le enseña lo que es el amor. Es una jovencita a quien la banda rescató cuando detonaron el tren de prisioneros. Es bonita, tiene los dientes blancos, los ojos alegres, la piel de color castaño dorado y un pelo muy corto que parece un campo de trigo quemado por el sol y que a Robert Jordan le encanta. Asimismo, es vulnerable y ha sufrido mucho, pues los falangistas no solo asesinaron a sus padres sino que, además, la violaron y la torturaron. Sin embrago, tiene una gran fuerza interior, una determinación y resiliencia que le permiten afrontar las situaciones difíciles.

ANSELMO

Anselmo es un viejo campesino que, a pesar de sus 68 años, se mantiene ágil y activo. Se viste humildemente como la gente de la región y no sabe ni leer ni escribir. Es el guía y protector de Robert Jordan, además de su más fiel ayudante. El viejo sirve además como conciencia para Jordan, ya que constantemente le recuerda que matar es un pecado, aunque no haya Dios, y que si quieren que algún día la República funcione, tendrán que ingeniar maneras en las que todos puedan pagar por los asesinatos cometidos. Este es el motivo por el que se puede decir que, a pesar de ser ateo, Anselmo encarna los valores cristianos.

RAFAEL

Rafael es un gitano de rostro aceitunado y ojos azules que forma parte de la banda de Pablo. Constantemente se hace referencia a que es un buen tipo, pero no sirve para la guerra, pues no cree en ideologías y no es leal a casi nadie. Incluso le sugiere a Robert Jordan, tras una pelea, que debía haber matado a Pablo. Comete un error que les cuesta muy caro, pues por perseguir a unas liebres abandona su puesto de vigilancia y los fascistas pueden entrar en sus territorios sin ser detectados.

AGUSTÍN Y FERNANDO

Agustín y Fernando son dos hombres de Pablo que se encargan de la vigilancia y cuidan los puestos de vigilancia. Agustín se caracteriza por ser extremadamente grosero y Fernando por ofenderse fácilmente con las vulgaridades. Además, Agustín es un poco descreído mientras que Fernando es un hombre serio que siempre cumple con su deber.

SANTIAGO, EL SORDO

El Sordo es el líder de otra de las bandas de guerrilleros que están en la montaña como Pablo y los suyos. Es un hombre bajo, fuerte y de pelo gris. Aunque es de pocas palabras, es amable, y está entusiasmado con la idea de volar el puente. Sin embargo, muere el día anterior con todos sus hombres sin que nadie pueda hacer nada, atacado por una banda de fascistas que les siguieron los pasos.

JOAQUÍN

Joaquín es uno de los guerrilleros al mando del Sordo. Cumple la labor de centinela y es muy joven, flaco, amigable y cordial. Tiene el pelo negro y crespo y se lo deja un poco largo, amarrado en una cola de caballo, pues solía querer ser torero. Perdió a su familia, fusilada a manos de los fascistas.

GOLZ

Golz es un general ruso aliado de la República que da las órdenes a Robert Jordan, que confía ciegamente en él y en su criterio. Es un hombre ya viejo, calvo, con la cara blanquecina, ojos de lechuza, nariz grande y lleno de arrugas y cicatrices. En resumen, es un hombre curtido por la guerra.

KASHKIN

Kashkin es un ayudante ruso que trabajó con la banda de Pablo antes que Jordan, en el episodio del tren. Aunque nunca aparece en la novela, pues murió, los personajes hacen constantes referencias a él y a su parecido con Robert Jordan.

EL TENIENTE BERRENDO

El teniente Berrendo es un militar fascista que ordena la decapitación del Sordo y sus hombres. Es una persona profundamente católica, que lamenta los asesinatos de sus compañeros y que sabe que matar es inútil.

CONSIDERACIONES FORMALES

ESTILO Y LENGUAJE

Durante su tiempo en París, Hemingway se hizo amigo de autores tan importantes como F. Scott Fitzgerald (1896-1940) y John Dos Passos (1896-1970), con quienes formó parte de lo que Gertrude Stein (1874-1946) denominaba la «generación perdida». Este era un grupo de escritores norteamericanos desencantados y bohemios que reflejaron en sus obras el clima de pesimismo que siguió a la Primera Guerra Mundial, así como a la Gran Depresión y al declive del sueño americano. Estos escritores son considerados modernistas y, aunque son muy distintos entre sí, se puede decir que tienen en común su oposición artística al realismo decimonónico.

El estilo de Hemingway en *Por quién doblan las campanas* es un estilo realista en el que el sentido se construye a partir de los diálogos y de la acción. Por eso se podría decir que el diálogo es otro de los protagonistas de esta novela, pues otra de las características más llamativas de esta es el intento del autor por hacer un retrato fiel del lenguaje y las expresiones vulgares utilizadas por los españoles del campo. A esto hay que sumarle los silencios: lo que no se dice, pero se intuye. Para lograr este efecto, el autor usa frases simples y precisas, características de la labor de reportero que desempeñó tantas veces. Esta inserción del estilo periodístico fue una de las grandes innovaciones de Hemingway y uno de los motivos por los que su obra es tan reconocida y aclamada, pues con herramientas periodísticas genera un efecto contrario al del periodismo: no informa ni lo dice todo, sino que esas frases precisas y descriptivas esconden detrás un sentido mayor no dicho. A este estilo, el mismo autor lo denominó la teoría del iceberg, según la cual los hechos flotan sobre el agua, pero el simbolismo y la estructura que lo apoya todo están fuera del alcance de la vista.

Entonces, a pesar de que hay bastantes descripciones —sobre todo de los paisajes y los lugares de los hechos— y de que al final el lector tiene una idea clara de todos los elementos que hay y de cómo están dispuestos, lo cierto es que estas son solo el escenario para los monólogos internos y las historias de los distintos personajes, que son quienes le dan sentido a lo que pasa.

Lo anterior permite, además, que no haya una verdad absoluta. Aunque hay un narrador omnisciente en tercera persona que lo conoce y lo ve todo —incluso los pensamientos de los personajes—, a partir de las historias (contadas a modo de *flashbacks*) y de los monólogos interiores (sobre todo de Robert Jordan, pero también de Anselmo y del Sordo) el lector puede ver que nada es blanco y negro en la guerra, que los republicanos pueden ser crueles y que los fascistas también son humanos, para así tener una imagen más clara de todo el panorama.

Finalmente, es importante notar el ritmo de la novela. El texto fluye velozmente, de escena en escena, entre diálogos rápidos que intentan reproducir no solo el español, sino también el estilo particular de hablarlo de los campesinos y de los distintos personajes, buscando así capturar el espíritu de un pueblo.

ESTRUCTURA Y MARCO ESPACIOTEMPORAL

Por quién doblan las campanas está construida en torno a la destrucción del puente, que es lo que el lector está esperando a través de la lectura y que se constituye en el clímax que le da sentido a toda la historia. Entonces, el puente, de hierro, de un solo arco y colgado en el vacío entre dos montañas y sobre un arroyo (Hemingway 1972, 49), es el centro de la narración, y la obra se estructura a su alrededor. Las acciones, decisiones y conversaciones están siempre —y en última instancia— influenciadas por su destrucción y conservación, y el futuro de la República, así como el triunfo de la Falange, están determinados por lo que pase con él (Auer 1986, 19). El puente es un motivo recurrente en la novela y simboliza el paso de la desesperanza a la esperanza, ese giro rotundo que puede dar la humanidad. Pero, al final, lo que sucede es que derribar el puente ya no sirve para nada y este termina por simbolizar la futilidad de la destrucción (Waldhorn 2002) y anticipar la triste derrota de la República.

Además, como asegura Jennifer Lester, se puede hablar de tres capas o espacios de discurso. En primer lugar, existe un espacio entre el lector y el autor. Este espacio está compuesto por una narración en tercera persona que caracteriza los espacios en los que sucede la historia, que describe a los personajes, la montaña y lo que hay en ella, y así construye un contexto, un espacio de comprensión. En segundo lugar, hay un espacio discursivo que se construye entre los personajes y los cuentos que se cuentan entre sí, que muestran cómo las distintas personas viven y sienten las experiencias de guerra. Finalmente, hay un espacio discursivo que es solo de Robert Jordan. Se trata, por supuesto, de su monólogo interior, de su diálogo consigo mismo para darle sentido a su experiencia y que también aporta elementos a la comprensión global del lector.

Se puede decir, entonces, que la estructura de la novela está constituida por varios círculos concéntricos cuyo elemento central es el puente. Estos círculos concéntricos estarían constituidos tanto por los tres días que pasa Robert Jordan con la banda de Pablo, como por las historias que cuentan los personajes —entre otras, la masacre de fascistas en el pueblo de Pilar, los asesinatos de los padres de María y la vida en Madrid que Robert Jordan recuerda y anhela a veces—. Estos círculos se amplían o se reducen según las necesidades, pues se pasa de contar las historias más pequeñas de los hombres más humildes a hacer referencia a cómo lo que está pasando en España en ese momento puede alterar el futuro de toda la humanidad.

Aunque la acción de la novela solo dura tres días, su estructura, construida a partir de *flashbacks* y monólogos internos, permite que haya un despliegue espaciotemporal inmenso, que hace que sea posible conocer más ampliamente lo que está pasando y a los actores involucrados. Este despliegue espaciotemporal lleva al lector a Madrid, al hotel Gaylord, donde se reúnen los rusos a hablar de la guerra y donde se puede saber realmente qué es lo que está pasando. A Robert Jordan le atrae y le repele ese lugar, pues le parece escandaloso ese lujo y comodidad en una ciudad sitiada. Ese despliegue permite también ir al pueblo de Pilar para ser testigo de uno de los episodios más crudos del libro: el momento en que Pablo y los suyos deciden ajusticiar a los fascistas y los asesinan uno a uno, primero con lástima y después con crueldad. Por último, esta misma técnica permite en esos tres días conocer un poco las historias de cada uno de los personajes, sobre todo de los guerrilleros, que se remontan al pasado y a otros espacios para convertirlos en lo que hoy son.

Estos saltos espaciotemporales complican la historia a muchos niveles y hacen que no sea fácil simplificar o reducir a los personajes a buenos y malos, al tiempo que amplían el espectro de la narración y vinculan esta guerra a todas las guerras de la historia. Esta no es una pequeña historia sobre la voladura de un puente en unas montañas perdidas españolas, sino que es la historia de todos los hombres y de todas sus luchas.

Cabe resaltar, finalmente, el espacio en el que sucede toda la acción de los tres días: la montaña. Es un espacio natural y tranquilo en el que, a pesar de las dificultades, los guerrilleros se pueden refugiar y encontrar seguridad temporal. Es un lugar que permite que todos puedan reflexionar y darse cuenta de su conexión entre ellos y con el mundo. Pero, a la vez, la montaña es una cárcel (Auer 1986). En ella, los republicanos están atra-

pados, vigilados por los fascistas y sus aviones:
están acorralados.

TEMÁTICAS Y CLAVES DE LECTURA

UNIÓN DE LA HUMANIDAD

Quizás el tema más importante de esta novela es la relación del individuo con toda la raza humana, relación que se hace evidente desde el título y el epígrafe del poeta inglés John Donne (1572-1631), que dice que ningún hombre es una isla y la muerte de cualquiera nos afecta y nos disminuye a todos. Por eso, no debemos preguntar por quién doblan las campanas, ya que doblan por nosotros. Nos dice Slatoff: «Ya ha sido suficientemente establecido por Carlos Baker y otros que *Por quién doblan las campanas* es esencialmente un libro afirmativo, que afirma y apoya no tanto al bando republicano de la Guerra civil española, sino lo que audazmente Baker denomina "la causa de la humanidad". Una frase vaga, es verdad, pero una que, creo, comunica» (Slatoff 1977, 142). Las vidas de todos los seres humanos, incluso de países lejanos, dependen de otros seres humanos. Esta es la idea fundamental que recorre toda la narración de Hemingway, que se expresa de muchas formas y en subtemas, y que sale a la luz con la simple existencia de Robert Jordan: este, al ser norteamericano, no tendría por qué estar en España, pero ama ese país y cree en la importancia de luchar contra el fascismo.

Las situaciones más extremas de la guerra son siempre las que llevan al hombre a comportarse de maneras impresionantes, y este es un tema que le interesaba mucho a Hemingway: las formas y manifestaciones del heroísmo. Tal como asegura Auer, «[s]ería simplista decir que Hemingway glorificaba la guerra como algunos han dicho. Le enfermaban su crueldad y desperdicio como a cualquiera. Pero también le emocionaban los que él consideraba los aspectos más positivos de la batalla —el coraje, camaradería, lealtad y dedicación a una causa» (Auer 1986, 3). Además, decían algunos, «se sentía revivir y rejuvenecer al ver a aquellos que se negaban a rendirse» (Auer 1986, 3).

Esta interconexión de la humanidad se aborda en el libro principalmente de dos maneras, que exploraremos a continuación: por un lado, a partir de las reflexiones de Anselmo y Robert Jordan sobre el asesinato y las escenas de los fascistas que muestran su humanidad a pesar de las diferencias y, por el otro, en las relaciones entre los guerrilleros y su compromiso con la República.

ELLOS SON COMO NOSOTROS

A lo largo del texto, el lector tiene acceso a los pensamientos de Anselmo, a sus reflexiones y, también, por supuesto, a conversaciones que él tiene con Robert Jordan sobre matar. El viejo le cuenta que solía ser cazador, pero que matar hombres, aunque no haya Dios y aunque sean fascistas, es un pecado (Hemingway 1972, 55). Él reconoce haberlo hecho antes y cree que lo tendrá que volver a hacer porque así es la guerra, pero eso no lo exime de seguir pensando que lo que hacen está mal y de prometerse que, si sigue viviendo después de la guerra, tratará de vivir de tal manera que no haga daño a nadie y se le pueda perdonar. Estas reflexiones se repetirán en otros momentos, poniendo de relieve la discusión y el problema —que queda abierto— de la justeza de matar, incluso por las mejores causas, y de cómo reparar esas muertes. Como ya no hay Dios, Anselmo cree que los hombres tienen que hacerse responsables ante sí mismos y que, por lo tanto, cuando se acabe la guerra «habrá que hacer una gran penitencia por todas las matanzas». Sin ese tipo de penitencia cívica purificadora «jamás habrá verdadero fundamento humano para vivir» (Hemingway 1972, 235).

Relacionado con lo anterior está el hecho de que la novela muestra los dos lados de la guerra y no simplifica o reduce los personajes a buenos y malos; por el contrario, quiere alcanzar un alto grado de honestidad y neutralidad. El texto no solo habla mal de los fascistas y de lo que han hecho, sino que también reconoce los errores y atrocidades cometidas por los republicanos, al tiempo que reconoce que los fascistas también son humanos, tienen sentimientos y no son tan diferentes a los guerrilleros.

Así pues, tenemos, por ejemplo, la narración de Pilar sobre cómo el bando de Pablo acabó con los fascistas de su pueblo. Al principio, todos estaban muy entusiasmados con la tarea de ir linchando uno a uno a los fascistas del pueblo, llevados en orden al centro de la plaza donde los esperaban los hombres distribuidos como en una galería y armados con palos. Aunque al principio es difícil matar a hombres conocidos y cuyo único pecado es haber sido fascistas, como don Guillermo —que no es una mala persona—, los ánimos se van caldeando rápidamente, los hombres se van emborrachando y Pilar se da cuenta de que lo que están haciendo es vergonzoso y desagradable. Como le dice un campesino, «¿[q]uién sabe si no haríamos mejor ocupándonos de la defensa del pueblo en vez de asesinar a la gente con esa lentitud y esta brutalidad?» (Hemingway 1972, 145). Este episodio deja intranquila a Pilar, que está segura de que, a pesar de que el objetivo era defender a la República, lo que hicieron estaba mal.

En cuanto a los fascistas, el texto presenta varias escenas en las que se muestra que no son tan distintos a los guerrilleros. Como reconoce Anselmo en sus reflexiones solitarias mientras vigila sus movimientos, esos hombres son campesinos como él:

> «Los he estado observando todo el día; son hombres como nosotros. Creo que podría ir al aserradero, llamar a la puerta y ser bien recibido, si no fuera porque tienen la orden de pedir los papeles a todos los viajeros. Pero entre ellos y yo

no hay más que órdenes. Esos hombres no son fascistas. Los llamo así, pero no lo son. Son pobres gentes como nosotros. No debieran haber combatido jamás contra nosotros, y no me gusta nada la idea de matarlos. Los de ese puesto son gallegos. Lo sé, porque los he oído hablar esta tarde. No pueden desertar porque, entonces, fusilarían a sus familias (Hemingway 1972, 231)».

Lo que diferencia a los guerrilleros de los fascistas es a quién obedecen. Es probable que, tal y como piensa Anselmo, muchos de ellos no estén allí por convicción sino por obligación, pues no hay forma de negarse. Además de este episodio, está la narración de la batalla entre el Sordo y sus hombres y los fascistas, en la que se muestran los dos bandos y sus similitudes. Por ejemplo, se ven el dolor y la tristeza con los que lloran a sus amigos y compañeros muertos. Justamente, con este equilibrio la novela se convierte en una gran obra artística, y no simplemente en un panfleto de propaganda (Slatoff 1977, 142).

Por estos motivos, Hemingway recibió muchas críticas al publicar la novela, pues tanto algunos liberales como algunos conservadores sentían que los había traicionado al no escribir una novela que favoreciera su respectiva ideología política. Sin embargo, él respondía que en las historias sobre la guerra intentaba abordar y examinar con cuidado todos los ángulos y que no podían esperar que una historia reflejara su punto de vista, pues todas eran demasiado complejas como para poder tomar una postura absoluta (Auer 1986). Además, como afirma Waldhorn, la preocupación fundamental de la novela no es la verosimilitud política sino capturar el espíritu de las personas en la guerra (Waldhorn 2002, 172): lo que finalmente aprende Robert Jordan, de lo que se hace consciente, y lo que también comprende el lector (Waldhorn 2002), es que esos momentos de tragedia revelan una promesa de trascendencia, una espiritualidad que une y sostiene no solo a todos los españoles sino a todos los hombres.

LA VIDA EN LA MONTAÑA: CAMARADERÍA Y AMISTAD

Otro de los temas que llamaban la atención de Hemingway sobre lo que sucede en las guerras, cuando el ser humano es llevado al límite, es la relación que se construye entre los guerrilleros.

Estas personas viven juntas en la montaña y luchan convencidas por la causa de la República; son una comunidad y han construido un lazo poderoso que las une. Esto se hace evidente en la convivencia diaria que, aunque es difícil, es lo que los mantiene a salvo, y también en las comidas y los momentos de diversión en los que pueden hablar (pues esto, como asegura Pilar, es lo único de civilizados que les queda) o en la colaboración de la banda del Sordo. Además, el mismo Pablo lo dice: después de decidir huir y traicionarlos, empieza a sentirse muy solo y esto es a lo más le teme. Por eso, decide volver a ayudarlos, porque le gusta que trabajen todos unidos por una causa común.

Este compañerismo se ve muy claro en el caso de Robert Jordan y sus acciones. No solo decide ir a pelear en una guerra que no es la suya por compromiso con una causa, sino que además se involucra rápidamente con la banda de guerrilleros y, particularmente, con María, al tiempo que descubre que las acciones individuales tienen repercusiones en toda la sociedad. Además, entiende que las causas e ideologías están vacías sin las personas a las que representan (Auer 1986), y es tanto el compromiso que adquiere en la banda de guerrilleros que al final está dispuesto a morir por ellos —y, especialmente, por María—, pues entiende que solo así podrán escapar y que en ese momento esa es su forma de contribuir a la humanidad.

SOBRE MATAR

Como ya se ha dicho más arriba, uno de los grandes dilemas que plantea este libro es el de la necesidad, deseabilidad y justicia de matar en la guerra. Como asegura Robert Jordan en varias ocasiones, y como también reconocen Pablo y Pilar, la guerra siempre se empieza con mucha ingenuidad y con una gran carga de idealismo. Sin embargo, poco a poco, tanto las personas como las causas —aunque sean justas— se van corrompiendo. Esto, sin embargo, no quiere decir que no haya que luchar por ellas.

Así, como afirma Slatoff, lo que Hemingway parece querernos decir no es que el fin justifique los medios, sino que el fin hace que los medios sean necesarios (Slatoff 1977, 143). Pero, también, que el fin se pervierte a menos que se mantenga una conciencia intensa y constante de que los medios están mal. Entonces, lo que el libro plantea sin reservas es que la causa por la que están luchando es una causa que hay que defender y, al mismo tiempo, que asesinar está mal, es injustificable y pecaminoso y lo único a lo que no se tiene derecho aunque sea necesario.

POLÍTICA E IDEOLOGÍA

Otro elemento que se puede encontrar a lo largo de la novela y que siempre está detrás de la narración son algunas de las discusiones políticas e ideológicas que se dieron durante la guerra civil. Discusiones que giraban en torno a la pregunta de qué era lo que estaba en juego, a las diferencias dentro de la República entre las distintas ideologías que se habían unido para alcanzar el poder o a los contrastes entre quienes peleaban en la guerra y quienes la dirigían.

En primer lugar, se puede ver cómo muchos de los republicanos (y de los fascistas), empezando por Robert Jordan, luchaban por su bando sin mayores preguntas, introspección o explicación, simplemente porque creían en la causa y en unos valores, por abstractos que estos fueran en la realidad. Este es el caso de Robert Jordan, cuya ideología política nunca queda clara: sabemos, por lo que le dice a María, que es antifascista, y en sus monólogos interiores se cuestiona si es un verdadero comunista. Pero también es el caso del Sordo, de quien se dice que habla poco de política, pero que lucha por la República y que lo hace con coraje y dignidad, tratando de acabar con su enemigo hasta el final. Finalmente, también es el caso de Pablo, que se ha vuelto un borracho perezoso porque está cansado de la guerra y porque ha empezado a dejar de creer en la República tras ver todo aquello de lo que son capaces los hombres. Ya solo aspira a vivir tranquilo.

Aunque lo que estaba en juego era, básicamente, el destino de la humanidad, dentro de la República había muchas maneras de entender ese destino y lo que había que hacer para alcanzarlo. Este hecho generaba muchos conflictos entre los distintos grupos de comunistas, anarquistas, socialistas, sindicalistas, marxistas-leninistas y trotskistas, que se criticaban entre ellos y nunca pudieron unirse del todo para luchar por su causa común. En la novela, esto se evidencia a partir de algunos comentarios que hacen los personajes, por ejemplo, sobre «los de los pañuelos rojos y negros» (anarquistas), de los que dicen que son los siguientes con los que tocaría acabar en una revolución.

El último de los temas relacionado con la política y las discusiones de la época es el contraste entre los que pelean en la montaña y los que están en la ciudad. Aunque toda la acción de la novela tiene lugar en la montaña y dura tres días, hay momentos en los que los personajes recuerdan cosas y se hacen saltos temporales. Algunos de los recuerdos de Robert Jordan tienen que ver, justamente, con ese abismo que existe entre el hecho de estar en la montaña y el de estar en la ciudad. Varias veces, Jordan se transporta al hotel Gaylord, en Madrid, donde estaban siempre los rusos y donde en realidad se definía el rumbo de la guerra. Este hotel es un lugar lujoso en el que la gente ríe, se divierte y se baña cómodamente, además de oír buena música, beber y comer. A Robert Jordan esto le resulta extraño, pues le parece que todos están demasiado tranquilos, felices y rodeados de lujos para encontrarse una ciudad sitiada (Hemingway 1972, 269). Jordan considera que eso es indecente; sin embargo, solo desea volver allí de visita como lo hizo antes de ir a la montaña, donde están los campesinos, que trabajan y sufren y que están librando la verdadera batalla, aunque no tomen las decisiones.

Entonces se puede decir que, sin ánimo de ser simplistas, el objetivo del libro es mostrar que la verdadera víctima de la guerra civil era el pueblo español, separado y enemistado por los intereses de diversos políticos. Las personas del campo —como las bandas de guerrilleros que conoce Robert Jordan—, para quienes la guerra se vuelve una realidad cotidiana, son las que resultan más afectadas por los enfrentamientos y las que acaban transformadas para siempre por la guerra y sus innumerables consecuencias.

EL AMOR Y EL TÓPICO DEL *CARPE DIEM*

El último de los grandes temas de esta novela es, por supuesto, el amor. A través de este es como Robert Jordan más aprende sobre la guerra y sobre los hombres y, en última instancia, es lo que le da sentido y continuidad a su vida. Como se dijo más arriba, Robert Jordan conoce en María el amor que nunca había conocido y, desde el principio, decide que quiere estar con ella y que sea su mujer. Gracias a ella, quiere luchar y lograr salir de la montaña para emprender una vida juntos. Gracias al amor que siente, acaba sacrificándose para que la chica pueda huir con Pablo y Pilar. Robert Jordan también dice que seguirá viviendo en ella, ya que el amor les ha hecho uno. A través de su amor por María, Robert Jordan alcanza la redención ya que, tal como se nos ha insinuado desde el título, se sacrifica por toda la humanidad.

Este contraste entre amor y muerte es recurrente en la novela cuando se habla de ellos dos y, sobre todo, en sus encuentros sexuales. Estos son a la vez una explosión de vida y plenitud y la muerte, la nada, lo cual parece anticipar el final. Del que quizás sea su encuentro más apasionado, el narrador nos dice lo siguiente:

> «Y para ella todo fue rojo naranja, rojo dorado, con el sol que le daba en los ojos; y todo, la plenitud, la posesión, la entrega, se tiñó de ese color con una intensidad cegadora. Para él fue un sendero oscuro que no llevaba a ninguna parte, y seguía avanzando sin llevar a ninguna parte, y

seguía avanzando más sin llevar a ninguna parte, hacia un sinfín, hacia una nada sin fin, con los codos hundidos en la tierra, hacia la oscuridad sin fin, hacia la nada sin fin, suspendido en el tiempo, avanzando sin saber hacia dónde, una y otra vez, hacia la nada siempre, para volver otra vez a nacer, hacia la nada, hacia la oscuridad, avanzando siempre hasta más allá de lo soportable y ascendiendo hacia arriba, hacia lo alto, cada vez más alto, hacia la nada» (Hemingway 1972, 191).

Este contraste entre plenitud y vacío siempre está presente. Lo que parece insinuarse en el libro es que el uno no existe sin el otro, que amor y muerte son dos impulsos que, aunque son opuestos, se complementan.

Por eso entra en juego en la novela el tópico del *carpe diem*, un tópico clásico de la literatura que invita a aprovechar el día, a disfrutar del presente, pues el futuro es incierto. Es así que tenemos a Robert Jordan constantemente reflexionando en sus monólogos interiores sobre la intensidad de los días vividos con María y sobre si serán suficientes para suplir toda una vida. Es por eso que, en la medida de lo posible y en medio de todas sus responsabilidades, Jordan se dedica a ganar en intensidad lo que no tendrá en tiempo y a disfrutar tanto como sea posible de la compañía de María. Así, al final, cuando está herido y se queda solo esperando a que lleguen los fascistas, puede decir con tranquilidad:

«El mundo es hermoso y vale la pena luchar por él, y siento mucho tener que dejarlo. Has tenido mucha suerte —se dijo a sí mismo— por haber llevado una vida tan buena. Has llevado una vida tan buena como la del abuelo, aunque no haya sido tan larga. Has llevado una vida tan buena como pueda ser la vida, gracias a estos últimos días» (Hemingway 1972, 539).

PISTAS PARA LA REFLEXIÓN

ALGUNAS PREGUNTAS PARA PROFUNDIZAR EN SU REFLEXIÓN...

- ¿Cómo cambia la visión del mundo y de la vida que tiene Robert Jordan a lo largo de la novela?
- ¿Cuál cree usted que es el papel de la historia de amor en la novela? ¿Por qué?
- ¿Cuál es el papel de las mujeres en la novela?
- ¿En qué medida y hasta qué punto se podría decir que en esta novela Hemingway hace un relato fiel de la guerra civil española?
- De esta novela se ha dicho que es una épica, es decir, una narración sobre los hechos legendarios de un héroe arquetípico. ¿Está usted de acuerdo con esta afirmación? ¿Por qué? Justifique su respuesta mediante ejemplos.
- ¿Qué características considera usted que han llevado a que esta novela se considere una de las mejores del siglo XX?
- ¿Qué papel juega la naturaleza en la novela?

- Se dice que esta novela está basada en diversos hechos reales como la ofensiva de Segovia. Compare dichos hechos con lo que sucede en la novela. ¿Qué aporta la narración literaria a los hechos?
- En varios episodios la novela hace referencia a los toros y la fiesta brava. ¿Por qué cree que Hemingway decidió insertar este tipo de escenas, además de por su gusto por el espectáculo?

¡Su opinión nos interesa!
¡Deje un comentario en la página web de su librería en línea,
y comparta sus favoritos en las redes sociales!

PARA IR MÁS ALLÁ

EDICIÓN DE REFERENCIA

* Hemingway, Ernest. 1972. *Por quién doblan las campanas*. Traducido por Lola de Aguado. Barcelona: Círculo de lectores.

FUENTES COMPLEMENTARIAS

* Auer, Jim. 1986. *Ernest Hemingway's For Whom the Bell Tolls*. Nueva York: Barron's Educational Series.

* Lester, Jennifer. 2007. "Reading For Whom the Bell Tolls with Barthes, Bakhtin, and Shapiro". *The Hemingway Review*, vol. 26, n.º 2, 114-124. Moscow: University of Idaho.

* Slatoff, Walter J. 1977. "The 'Great Sin' in 'For Whom the Bell Tolls'". *The Journal of Narrative Technique*, vol. 7, n.º 2, 142-148. Consultado el 24 de septiembre de 2015. http://www.jstor.org/stable/30225612

* Waldhorn, Arthur. 2002. *A Reader's Guide to Ernest Hemingway*. Siracusa: Syracuse University.

LECTURAS RECOMENDADAS

- Baker, Carlos. 1974. *Hemingway, el escritor como artista.* Madrid: Ediciones Corregidor.

- Svoboda, Frederic J. 2000. "The Great Themes in Hemingway: Love, War, Wilderness, and Loss". En *A Historical Guide to Ernest Hemingway.* Editado por Linda Wagner-Martin. Nueva York: Oxford University Press.

- Waldhorn, Arthur. 2002. *A Reader´s Guide to Ernest Hemingway.* Siracusa: Syracuse University.

ResumenExpress.com

Muchas más guías para descubrir tu pasión por la literatura

www.resumenexpress.com